Thèse

POUR LA LICENCE.

L'Acte public sur les matières ci-après sera soutenu,

le mercredi 23 mai 1855, à neuf heures,

Par ALEXANDRE-ALPHONSE BÉGUE, né à Milesey (Haute-Saône).

Président : **M. DE VALROGER**, Professeur.

Suffragants :
- **MM. BUGNET**,
- **ORTOLAN**, } Professeurs.
- **ROUSTAIN**,
- **DEMANGEAT**, } Suppléants.

Le Candidat répondra en outre aux questions qui lui seront faites sur les autres matières de l'enseignement.

PARIS.

VINCHON, FILS ET SUCCESSEUR DE Mᵐᵉ Vᵉ BALLARD,
Imprimeur de la Faculté de Droit,
RUE J.-J. ROUSSEAU, 8.

1855.

2699

A MA FAMILLE.

A MES AMIS.

JUS ROMANUM.

DE PACTIS. — DE EO QUOD CERTO LOCO. — DE ACCEPTILATIONE.

DE PACTIS.
(D., ii, 14.)

I. Pactum a pactione dicitur. Pactum est duorum pluriumve in idem placitum consensus, atque conventio.

Conventionum vel pactorum celeberrima divisio est in contractus tam nominatos quam innominatos et in pacta stricte dicta.

Enimvero quædam pacta, veluti emptio, locatio, et specialia nomina receperunt et actione cuique eorum propria jure antiquo civili munita sunt : hæc contractus dicta sunt nominati.

Item, si habeant causam pacta, id est, si in his intervenerit aliquod factum aut alicujus rei datio, per quod factum dationemve conventio impleri ex una parte cœpta sit, fiunt contractus; et hi dicuntur contractus innominati.

Denique alia pacta, ex stricto jure, nullum juris vinculum

olim pariebant; sed paulatim jus civile, prætorium atque impe-
riale actionibus pluria pacta confirmarunt, quæ tamen nunquam
contractus dicta sunt; nomen enim illud solis pactis antiquo
jure actionibus munitis fuit datum.

Igitur ex eorum origine dividuntur pacta stricte dicta varias
in species :

1° Pacta adjecta (jure civili confirmata);

2° Pacta prætoria (prætorio jure);

3° Pacta legitima (jure imperiali);

4° Pacta nuda (id est quæ nec jure civili, nec prætorio, nec
imperiali adjuvantur).

Pacta adjecta. — Hæc pacta dicta sunt adjecta, quia vel
bonæ fidei vel stricti juris contractibus adjiciuntur.

Cum autem contractui bonæ fidei accedit pactum, interest
distinguere an ex continenti, an ex intervallo accedat.

Quando ex continenti est adjectum, inest contractui atque vel
hujus actionem auget vel minuit.

Quando autem ulterius intervenit, nisi omnibus integris ma-
nentibus circa substantialia versetur, parit exceptionem.

Itaque Paulus notat si, emptionis omnibus integris manenti-
bus, de augendo vel diminuendo pretio rursum convenit, reces-
sum a priore contractu et nova emptio intercessisse videtur.

Cum pacta contractibus stricti juris ex continenti adjecta
sunt, lis est inter jurisconsultos an exceptionem duntaxat pare-
rent, an his contractibus inessent.

Illi, qui posteriorem sententiam defendunt, Papiniani sententiam a Paulo in Pandectis refertam objiciunt; Juliani quoque
citant responsionem : « Ex facto consultus convenisset ut donec
usuræ solverentur, sors non peteretur ; et stipulatio pure con-
cepta fuisset : conditionem inesse stipulationi, atque si hoc
expressum fuisset. » Ex his verbis concludunt ut pacta ex con-

tinenti contractibus stricti juris adjecta, illis insint et actione horum contractuum muniantur.

Sed observandum est ut jurisconsultorum sententiæ (cæterum solæ stipulationi propriæ), tempore quo jam contrahentium menti cedebat jus strictum, latæ sunt.

Priorem opinionem anteponamus. Magna enim distinctio facienda est inter contractus stricti juris et contractus bonæ fidei; horum enim contractuum actiones bonæ fidei sunt : ex æquo et bono dicere est officium judicis.

In contractibus stricti juris autem non æquitas sed formula cui adstrictus est judex præsertim observanda est. Itaque pacta contractui stricti juris ex intervallo adjecta solam per exceptionem prodesse possunt.

Pacta prætoria. — Scit quisque prætores actionibus sanxisse quædam pacta; puta cum de constituto convenitur. Hoc edicto, inquit Ulpianus, prætor favet naturali æquitati, qui constituta ex consensu facta custodit : quoniam grave est fidem fallere.

Pacta legitima. — Imperatorum constitutiones actionibus quoque munierunt pacta, quæ legitima pariunt actiones : sunt inter legitima donatio dotisque constitutio ac compromissum.

Pacta nuda. — Quod nudum ad pactum attinet, dixit prætor : « Pacta conventa quæ neque dolo malo, neque adversus leges, aut plebiscita, aut senatusconsulta, aut quoque principis edicta, neque quo fraus cui eorum fiat, facta erunt, servabo. » Itaque ex illis oritur exceptio, cum qua concurrit etiam doli exceptio, cum dolo faciat qui pacti fidem frangat.

II. Præter consensum nonnulli contractus aliquid aliud desiderant ; silicet alii causam, id est, ut datio aut factum intervenerit ; alii verba, alii nihil præter consensum.

Omnibus autem in pactis coeundis solus paciscentium consensus sufficit.

Mutus ipse pacisci potest, verba enim ad substantiam conventionis non necessaria sunt ; quinimo inter absentes per nuntium et etiam tacito consensu convenire intelligitur.

Prius pactum per posterius elidetur, non quidem ipso jure, sed per replicationem.

III. Jus publicum, privatorum pactis mutari non potest.

Contra juris civilis regulas pacta conventa rata non habentur.

Pacisci autem contra edictum ædilium omnimodo licet.

Pacta quæ turpem causam continent, non sunt observanda. Hinc, si ob maleficium, ne fiat, promissum sit, nulla est obligatio ex hac conventione.

Irrita sunt pacta quibus error causam dedit.

Dolo malo, ait prætor, pactum se non servaturum.

IV. Quisque sua persona convenire debet, sed in exceptione sunt filii et servi (atque in his comprehendimus servos in quibus usumfructum habemus sicut et homines qui bona fide serviunt).

Attamen si pacta filii aut servi patri vel domino prosunt, illis non prosunt patris vel domini pacta.

Melior conditio nostra per servos fieri potest, deterior fieri non potest.

Possumus et nobis et altero utiliter stipulari, sed in conventionem nihil deduci potest, quod non intersit ejus cui promittitur ; sed nascitur exceptio de dolo malo.

Pacta quoque procuratorum tutorumque ac curatorum dominis negotii prodesse atque nocere constat.

DE EO QUOD CERTO LOCO.

(D., XIII, 14.)

Sæpissime conveniunt paciscentes ut certo loco solvatur.

« Porro, ait Ulpianus, is qui certo loco dare promittit, nullo alio loco quam is in quo promisit, solvere invito stipulatore potest. »

Quid autem si duobus locis copulative promisit? Quoque in loco dimidium solvatur.

Si alternative, promittenti ante petitionem optio ; stipulatori, si petierit.

Julianus tractat an is qui Ephesi sibi aut Titio dari stipulatus est, si alibi Titio solvatur, nihilominus possit intendere sibi dari oportere? Et scribit : « liberationem non contigisse ; atque ideo posse peti quod interest.

Cæterum competere non videbatur agendi facultas nisi eo loco in quo quisque dari erat stipulatus. Sed quia iniquum erat, si promissor ad eum locum in quem daturum se promisisset, nunquam accederet (quod vel data opera faceret, vel quia aliis locis necessario distringeretur) non posse stipulatorem ad suum pervenire : ideo visum est utilem actionem in eam rem comparare.

Recte definitur hæc condictio : actio arbitraria qua creditor rei alio loco quam ubi debitor degit solvendæ, eam ubi reus degit petit ; habita ratione quanti vel sua vel debitoris intersit eam non præstari quo loco præstari debuerat.

Si sufficit ordinaria non recurrendum est ad illam actionem, puta in actionibus bonæ fidei.

Quum quid certo loco fieri promissum est, supervacanea est, cum hoc casu ordinaria actio ex stipulatu sufficiat.

Paciscentium utriusque interest actio arbitraria ; latius patet quam ordinaria, judex enim reum absolvere debet exacta ab illo cautione.

Cæterum judex æquitatem sequitur.

Ecce ex conjectura, hujus condictionis formula :« Judex esto ; si paret Numerium Negidium Aulo Agerio centum Ephesi dare oportere, neque eo nomine Aulo Agerio Numerio Negidio satisfactum erit, quanti ea res erit, condemna. »

DE ACCEPTILATIONE.

(D., xlvi, 4.)

Eodem modo solvi debet obligatio quo contracta est. Si verbis fit obligatio, verbis solvitur, puta cum promissori fit acceptum.

Acceptilatio autem est solutio imaginaria, quod enim verborum ex obligatione tibi debeo, si mihi vis remittere, fieri potest, modo ne respuas me dicentem : « habesne acceptum ? » atque respondeas : « habeo. »

Aquilius Gallus qui, ut a Servio accepimus, inter jurisconsultos maximam apud populum auctoritatem habuit, quamdam stipulationem tulit quæ vulgo Aquiliana appellatur.

Eo modo omnis rerum obligatio in stipulatum converti potuit; Aquiliana igitur, ut recte loquar, primum novationem, deinde liberationem perficit.

Fit autem vel in totum, vel in partem debiti acceptilatio, nisi tamen res, puta servitus, nullam recipiat divisionem.

Verum acceptilatio non nisi pro debito fieri potest; nihilominus valet cum, genere stipulato, fit pro specie.

Creditor, qui alienare, pariter ferre potest accepto. At vero quivis debitor, dummodo quod facit intelligat, jure petit acceptilationem.

Nec minus dominum liberat acceptilatio si rogata erit a servo.

Non fit sub conditione acceptilatio, est etiam irrita quæ in diem facta; verum nihil officit, tacite inesse acceptilatione conditionem.

Græce loqui poteris et de multis in unum obligationibus; quæ volueris ex illis quidem suotuleris; cæterum Aquiliana plures simul complectitur obligationes.

POSITIONES.

I. An pacta contractibus stricti juris ex continenti adjecta, exceptionem duntaxat pariant, vel his contractibus insint? — Exceptionem duntaxat pariunt.

II. Potestne filius aut servus pacisci ne petat? — Distinguo.

III. Cum filiusfamilias pactus fuerit ne a se petatur, an hoc personale pactum patri proderit? — Prodest.

IV. Potestne filiusfamilias de eo quod sub conditione legatum est, recte pacisci? — Potest.

V. An pactum cum debitore factum, fidejussoribus proderit? — Distinguendum est.

VI. Quid de pacto, vivo patre, a filio cum creditoribus paternis facto? — Ad doli exceptionem proderit.

VII. An inutilis acceptilatio utile habeat pactum? — Distinguendum est.

VIII. An pupillus per acceptilationem, etiam sine tutoris auctoritate, liberari possit? — Liberatur, nam in his in quibus meliorem conditionem suam facit, non eget auctoritate.

DROIT FRANÇAIS.

CESSION DE BIENS (Code Nap., art. 1265-1270). — REMISE DE LA DETTE (Code Nap., art. 1282-1288). — TRANSACTIONS (Code Nap., art. 2054-2058). — DÉSISTEMENT (Code de proc., art. 402-403). — CONCORDAT (Code de comm., art. 507-526). — EXCUSABILITÉ (Code de comm., art. 539-541).

DE LA CESSION DE BIENS.

La cession de biens est l'abandon qu'un débiteur fait de tous ses biens à ses créanciers, lorsqu'il se trouve hors d'état de payer ses dettes.

La cession de biens est volontaire ou judiciaire.

Cession volontaire. — La cession volontaire n'est autre chose qu'un accommodement amiable entre le débiteur et tous ses créanciers. Ce n'est pas à dire pourtant que la cession soit nulle si tous n'ont pas concouru au contrat; seulement, il ne peut être opposé à ceux qui n'y ont pas consenti.

C'est un contrat synallagmatique qui peut être fait en telle forme et sous telles conditions que les parties jugent convenables. Ses effets sont réglés principalement par les stipulations des contractants, et subsidiairement par les principes qui régissent les contrats en général.

Cette convention ne constitue point une aliénation ; elle donne simplement aux créanciers le droit de vendre les biens du débiteur pour être payé sur le prix : elle rend les créanciers mandataires dans leur propre intérêt.

Ce mandat étant donné, non-seulement dans l'intérêt du débiteur, mais aussi dans celui de ses créanciers, ne peut être révoqué par le cédant qu'à la condition de les désintéresser complétement. D'un autre côté, s'il arrive que les biens cédés soient vendus à un prix tel, qu'il y ait un reliquat après le payement de toutes ses dettes, il appartiendra au débiteur. Il est aussi de raison et de toute équité que le débiteur ne soit libéré que jusqu'à concurrence de la valeur des biens abandonnés.

En un mot, la cession de biens volontaire concilie les intérêts du débiteur et de ses créanciers ; ceux-ci ne sont point obligés d'user des moyens rigoureux de la saisie, et le débiteur conserve mieux son crédit.

Cession judiciaire. — La cession judiciaire est la faculté accordée, nonobstant toute stipulation contraire, à un débiteur malheureux et de bonne foi, d'affranchir sa personne de la contrainte par corps en abandonnant, après s'y être fait autoriser par un jugement, l'entière administration de ses biens à ses créanciers, avec pouvoir de les vendre et de s'en distribuer le prix jusqu'à concurrence de ce qui leur est dû.

La bonne foi du débiteur est une des conditions essentielles de cet abandon ; aussi, la loi déclare-t-elle indignes de cette faveur les stellionataires, les personnes coupables de vol ou d'escroquerie, les comptables, tuteurs, administrateurs et dépositaires. Hors de ces cas, la bonne foi est toujours présumée.

Si le débiteur allègue quelques malheurs, il doit prouver

qu'il les a réellement soufferts; c'est d'ailleurs de l'examen des faits allégués que doit naître pour le juge la certitude de la bonne ou de la mauvaise foi du débiteur.

Cependant, l'étranger malheureux établit en vain qu'il est de bonne foi, ses créanciers peuvent rejeter sa demande lors même qu'il possède en France assez d'immeubles pour les satisfaire. En un mot, pour invoquer le bénéfice de cession, le débiteur doit avoir la jouissance des droits civils français.

Mais si la loi exclut certaines personnes, elle défend à celles qu'elle protége de renoncer au droit qu'elle leur accorde.

Enfin, et c'est encore une condition essentielle, le débiteur doit abandonner tous ses biens, sauf ceux que la loi déclare incessibles ou insaisissables; de plus, cet abandon doit être offert à tous ses créanciers.

Le débiteur doit former sa demande devant le tribunal civil du lieu de son domicile, après avoir préalablement déposé au greffe du tribunal ses livres et ses titres actifs. Du reste, cette demande doit être communiquée au ministère public.

Admis au bénéfice de cession par le tribunal civil, le débiteur est tenu de réitérer cet abandon en personne, ses créanciers appelés à l'audience du tribunal de commerce. Afin de rendre public un fait aussi grave, les nom, prénoms, profession et demeure du débiteur seront insérés dans un tableau à ce destiné et placé dans l'auditoire du tribunal de commerce de son domicile ou du tribunal de première instance qui en fait les fonctions et dans le lieu des séances de la maison commune.

Voilà les conditions et les formalités que réclame la cession judiciaire, voyons quels effets elle produit.

Elle affranchit le cédant de la contrainte par corps; elle le libère jusqu'à concurrence de la valeur des biens abandonnés.

Quant aux créanciers, la cession les rend maîtres des biens en ce sens qu'ils peuvent les vendre et s'attribuer le prix en provenant sans avoir recours aux formes compliquées de la saisie.

DE LA REMISE DE LA DETTE.

La remise de la dette est la renonciation de la part du créancier aux droits que lui confère l'obligation.

Assez souvent c'est un acte de libéralité ; mais ordinairement cette renonciation se fait à titre onéreux. Lorsqu'elle est gratuite, la loi la dispense des solennités ordinaires des donations. Néanmoins ses conséquences présentant les mêmes dangers, la remise :

1° Ne pourra être faite que par une personne capable de disposer à titre gratuit ;

2° Ne pourra être acceptée que par une personne en droit de recevoir valablement du créancier ;

3° Sera rapportable, si le débiteur succède à son créancier ;

4° Sera réductible, si elle excède le disponible ;

5° Enfin, sera révocable pour cause de survenance d'enfants ou pour cause d'ingratitude.

La remise est expresse ou tacite.

Les rédacteurs du Code ont sans doute pensé qu'il ne pouvait guère y avoir de difficulté, ni sur l'existence de la remise expresse, ni sur l'effet général et ordinaire de la remise expresse ou tacite ; car, le Code garde le silence sur ces deux points.

La remise est expresse quand le créancier déclare, soit par écrit, soit verbalement, qu'il ne poursuivra pas le débiteur. La preuve de cette remise se fera par témoins pour une valeur au-dessous de 150 francs ; par écrit, au-delà de cette somme. Mais, comme l'écrit est ici *ad probationem* seulement, il pourra être remplacé, soit par un commencement de preuve par écrit, fortifié de la preuve testimoniale, soit par l'aveu ou le serment de la partie.

La remise tacite résulte de certains faits qui prouvent ou font présumer de la part du créancier la volonté d'éteindre la dette.

Ainsi, la remise volontaire du billet ou du brevet d'obligation fait preuve complète de la libération. Ainsi, la remise volontaire de la grosse du titre fait présumer seulement cette libération.

Le fait même de la possession du titre fait présumer qu'il a été volontairement abandonné ; mais le créancier peut prouver le contraire.

La restitution que le créancier fait au débiteur des choses qu'il en avait reçues en nantissement, constitue-t-elle une présomption légale de libération ? La négative est hors de doute. De même, la main levée que le créancier donnerait de son hypothèque sur les biens de son débiteur ne prouverait pas le moins du monde qu'il a voulu remettre la dette.

La remise est réelle ou personnelle.

La remise du titre est réelle, elle libère tous les obligés.

Les effets de la remise expresse intervenue entre le créancier et un débiteur unique ne peuvent offrir de difficultés ; mais il n'en est pas de même quand il y a plusieurs coobligés. Lorsque ce cas se présente, le juge doit rechercher avant tout quelle a dû être l'intention du créancier. A défaut de conventions claires et formelles, il se conformera aux règles suivantes :

Première règle. — La remise faite au débiteur libère les cautions.

Deuxième règle. — La remise faite à la caution est personnelle.

Troisième règle. — La remise faite à l'une des cautions ne profite point aux autres. Cette règle, il faut bien l'observer, n'est exactement vraie que dans le cas où la caution libérée s'était obligée par un acte postérieur à l'engagement des autres.

Quatrième règle. — La remise faite à l'un des débiteurs conjoints est personnelle.

Cinquième règle. — La remise faite à l'un de plusieurs débiteurs solidaires opère toujours l'extinction absolue de la dette.

Pothier appelait une célèbre question celle de savoir si le créancier d'une dette garantie par une caution peut licitement recevoir de cette caution, pour la décharger de son engagement, une somme non imputable sur la dette. Ce savant jurisconsulte trouvait juste le gain stipulé par le créancier et le regardait comme l'équivalent des risques qu'il prenait à sa charge. Le Code a consacré une opinion plus sévère : « Ce que le créancier a reçu d'une caution pour la décharge de son cautionnement, doit être imputé sur la dette et tourner à la décharge du débiteur principal et des autres cautions. »

DES TRANSACTIONS.

La transaction est un contrat par lequel les parties terminent les contestations nées ou préviennent les contestations à naître.

La transaction participe de la nature du jugement et de la convention. Ainsi, la transaction judiciaire ne peut être attaquée par des tiers que par la voie de la tierce opposition dans les cas où ils seraient obligés de recourir à ce moyen si on leur opposait un jugement ordinaire. Cependant, malgré cette assimilation, on remarque deux différences :

1° Les demandes en rescision des transactions sont portées par action directe au tribunal, tandis que les jugements ayant force de chose jugée ne peuvent être attaqués que par la cassation et la requête civile ;

2° Les transactions ne sont pas, comme les jugements, susceptibles d'annulation partielle.

Comme convention, la transaction suit les règles du droit commun sur les contrats ; cependant elle a des règles qui lui sont propres :

1° La preuve n'en peut être faite par témoins, même pour une valeur moindre de 150 francs. Cependant, on s'accorde généralement à décider que la preuve peut résulter d'un serment décisoire ou d'un aveu. Il est également hors de doute que si les parties ont été dans l'impossibilité de constater leur arrangement par un écrit ; que si, ayant un titre, elles l'ont perdu par cas fortuit, on ne peut rejeter la preuve testimoniale.

2° Par exception aux principes généraux, l'erreur du droit, qui a pu déterminer l'une des parties à transiger, ne fait point obstacle à la validité de la transaction.

On ne peut transiger que sur un droit sujet à contestation, douteux au moins dans l'opinion des parties. La transaction serait nulle, faute d'objet, si elle intervenait sur un droit évident ; mais la crainte raisonnable d'un procès suffit pour la justifier.

Si la transaction porte sur un point déjà décidé par un jugement passé en force de chose jugée, elle est nulle, il n'y a plus matière à procès.

Il faut aussi, pour qu'il y ait transaction valable, que l'objet sur lequel on transige soit dans le commerce et que la transaction ne déroge à rien de ce qui intéresse l'ordre public ou les bonnes mœurs. Par conséquent, on ne peut transiger sur une succession non ouverte, ni sur les droits qui constituent l'état des personnes, et les époux ne peuvent faire aucune transaction valable en matière de séparation de corps et de bien.

La transaction sur la réparation civile d'un délit n'entrave point l'action du ministère public.

La transaction sur une inscription de faux incident n'est point essentiellement nulle; mais elle ne pourra être exécutée qu'après avoir été homologuée en justice sur les conclusions du ministère public.

Si toute contestation ne peut pas être l'objet d'une transaction, toute personne ne peut pas non plus transiger. Pour pouvoir transiger, il faut être capable non seulement de s'obliger, mais encore de disposer des objets que l'on entend abandonner. De là il résulte que :

1° Le mineur non émancipé ne peut aucunement transiger; au contraire, le mineur émancipé transige sur les objets d'administration qui lui sont confiés et dont il peut disposer;

2° La femme mariée ne peut transiger sans autorisation de son mari ou de justice, à moins qu'elle ne soit séparée de biens; dans ce cas, en effet, elle peut aliéner son mobilier. La femme mariée sous le régime dotal le peut également sur son mobilier paraphernal; elle peut même transiger sur des biens dotaux, s'ils ont été déclarés aliénables;

3° Quel que soit le droit contesté, le tuteur ne peut transiger soit au nom du pupille, soit avec lui, qu'en se conformant aux règles prescrites au titre de la tutelle;

4° Le mandataire ne peut transiger pour son mandant, s'il n'en a reçu procuration expresse ;

5° Les communes et les établissements publics ne peuvent transiger qu'avec l'autorisation expresse du gouvernement.

Les transactions ont, entre les parties, l'autorité de la chose jugée en dernier ressort.

La transaction engendre une exception analogue à celle de la chose jugée.

3

La transaction est déclarative et non transmissive des droits sur lesquels elle intervient.

Une transaction peut, ainsi que toute autre convention, être rescindée pour cause de violence ou de dol.

Il y aurait dol si tout ou partie des titres, d'après lesquels devait être apprécié le droit litigieux dans l'intérêt respectif des contractants, étaient demeurés inconnus à l'un par le fait de l'autre.

En second lieu, une transaction est aussi, comme toute autre convention, rescindable pour cause d'erreur substantielle. Or, il y aurait erreur sur la cause même de ce contrat, si au moment où il est formé, la contestation se trouvait terminée par un jugement contradictoire en dernier ressort ou passé en force de chose jugée, et ignoré, sinon des deux parties, au moins de celle qui a obtenu gain de cause.

Les art. 2054, 2055 et 2057, 2e alinéa, nous indiquent d'autres cas où la transaction doit également être rescindée pour cause d'erreur substantielle.

La découverte de titres inconnus aux deux contractants ne sera point une cause de rescision, si ces titres ne concernent que quelques-uns des différends que règle la transaction, ou s'ils ne détruisent pas entièrement la balance qu'elle établit entre les deux prétentions opposées.

Les transactions ne sont point rescindables pour cause de lésion.

L'erreur de calcul doit être réparée.

Pour mieux assurer l'exécution de la transaction, les contractants stipulent ordinairement une peine contre celui qui refusera d'accomplir ses promesses. Les effets de cette stipulation se déterminent d'après les principes généraux sur les clauses pénales ; celui qui souffre de l'inexécution du contrat ne peut demander en même temps le principal et la peine. Il en serait autrement, pourtant, si cette peine avait été stipulée pour le cas où l'une des parties troublerait la tranquillité rétablie par la transaction en intentant un nouveau procès.

DU DÉSISTEMENT.

Le désistement est la renonciation à une procédure commencée soit irrégulièrement, soit intempestivement, soit incompétemment, dans le but de remettre les choses au même état qu'elles étaient avant la demande.

Il résulte de cette définition que le désistement ne compromet nullement le fond du droit ; par conséquent, c'est un acte que peuvent faire la femme séparée de biens, agissant pour ses paraphernaux, le mineur émancipé, ou le majeur pourvu d'un conseil judiciaire et le tuteur pour son pupille.

Cependant il peut arriver que la perte du droit résulte indirectement de cet acte ; alors c'est un acte d'aliénation qu'un incapable ou un simple administrateur ne peut pas faire.

Le désistement ne se présume pas ; il est ordinairement fait par actes signés des parties et signifiés d'avoué à avoué, mais il peut résulter d'arrangements intervenus entre les parties présentes à l'audience et constatés par le juge. Un acte notarié suffit également, pourvu qu'il soit signifié à la partie adverse.

Le désistement se présume cependant lorsqu'une partie forme une demande incompatible avec celle qu'elle avait d'abord intentée.

L'acceptation se fait comme le désistement lui-même.

Le désistement ne peut être refusé qu'autant qu'il n'est pas pur et simple, qu'il renferme des conditions préjudiciables au défendeur, qu'il porte atteinte à des droits acquis par les actes d'instruction contradictoire.

Jusqu'à l'acceptation, le désistement peut être rétracté ; c'est une conséquence nécessaire de la disposition de l'art. 403.

Le désistement de l'une de plusieurs parties en cause ne peut nuire aux autres lorsque la chose litigieuse est divisible; mais si elle est indivisible, le défendeur demeuré subrogé aux droits du demandeur désistant. Dans le même cas, le défaut d'acceptation de la part de l'un des défendeurs met obstacle à ce que le désistement produise effet à l'égard des acceptants.

Le désistement accepté emporte de plein droit consentement à la remise des choses au même état qu'elles étaient avant la demande. Il emporte également soumission de payer les frais au payement desquels le désistant sera contraint, sur simple ordonnance du président, laquelle est exécutoire nonobstant opposition ou appel.

Le désistement d'un acte isolé de procédure est soumis à des règles particulières et produit des effets différents.

DU CONCORDAT.

Le concordat est un traité qui intervient entre un commerçant failli et ses créanciers, traité par lequel ceux-ci, dans la vue de perdre moins sur leurs créances et pour épargner un débiteur malheureux et de bonne foi, lui accordent des délais pour payer et souvent même lui remettent une partie de la dette.

Ce traité, au premier abord, présente le double caractère d'un acte à titre onéreux et d'une libéralité; aussi, plusieurs auteurs et de nombreux arrêts ont décidé que le failli concordataire venant à la succession de l'un de ses créanciers devait y apporter la portion de la dette dont remise lui aurait été faite par ce dernier. Nous ne sommes point de cet avis; ce traité est une sorte de transaction qui profite autant au créancier qu'au débiteur.

Nonobstant le concordat, les créanciers conservent leur action contre les codébiteurs et les cautions du failli, solidaires ou non.

Tout failli est appelé à ce bénéfice s'il n'est convaincu de banqueroute frauduleuse.

Pour arriver au concordat, on doit préalablement faire inventaire, vérifier et confirmer les créances; le juge-commissaire forme alors l'assemblée des créanciers, il entend les rapports des syndics, et le failli fait connaître aux créanciers à quelles conditions il désire s'arranger. Si ceux-ci ne les acceptent pas, ils se trouvent forcément constitués en état d'union; s'ils les acceptent, il y a concordat.

Néanmoins, le consentement de tous n'est pas nécessaire; il suffit de celui d'un nombre de créanciers formant la majorité et représentant, en outre, les trois quarts des créances vérifiées et affirmées ou admises par provision.

Les créanciers hypothécaires inscrits ou dispensés d'inscription, et les créanciers privilégiés ou nantis d'un gage n'auront pas voix dans les opérations relatives au concordat pour lesdites créances et elles n'y seront comptées que s'ils renoncent à leurs hypothèques, gages ou priviléges.

Leur vote, il est vrai, n'offrirait point de garantie pour la masse, car ils auraient une sûreté dont les autres créanciers sont dépourvus.

Toutefois, ce danger cessant lorsque le créancier hypothécaire renonce à son hypothèque pour une somme déterminée, il prendra part au concordat pour cette somme, sans compromettre son hypothèque pour le surplus de sa créance.

Si le failli est poursuivi en banqueroute frauduleuse, les créanciers qui voudraient faire un concordat devraient surseoir, et ce sursis devrait être voté comme le concordat.

Par ce traité, le failli est généralement remis à la tête de ses affaires; mais pour produire cet effet, le concordat doit être accepté séance tenante et signé immédiatement ; enfin, il doit être homologué par le tribunal.

Dans tous les cas, avant qu'il soit statué sur l'homologation, le juge-commissaire fera au tribunal de commerce un rapport sur les caractères de la faillite et sur l'admissibilité du concordat.

Tous les créanciers ayant eu droit de concourir à cet arrangement ou dont les droits auraient été reconnus depuis, peuvent y former opposition. Elle doit être motivée et signifiée aux syndics et au failli, à peine de nullité, dans les huit jours qui suivent le traité.

Si un syndic, ayant été nommé seul, se rend lui-même opposant, il doit provoquer la nomination d'un second syndic auquel l'opposition sera signifiée.

Le jugement qui statue sur les oppositions statue également sur l'homologation, si ce n'est dans le cas où l'opposition est de la compétence des tribunaux civils ; alors, le tribunal de commerce attend leur décision pour se prononcer.

Les pouvoirs des juges sont étendus en cette matière : ils apprécient tout ce qui tient à l'ordre public et à la morale, tout ce qui intéresse les créanciers et particulièrement ce qui concerne les absents.

Le jugement d'homologation rend le concordat obligatoire pour tous les créanciers vérifiés ou non vérifiés, connus ou non connus.

A moins qu'il n'en ait été autrement décidé par le concordat, les syndics feront inscrire le jugement d'homologation au bureau des hypothèques. Enfin, dès que les délais d'appel sont écoulés ou que les jugements en appel sont rendus, ils doivent rendre leur compte définitif au failli, en présence du juge-commissaire.

Par suite du concordat, le failli ne peut plus être poursuivi pour les mêmes dettes ; mais il ne peut être réhabilité qu'à la condition de réparer les torts que ses créanciers ont souffert.

Si, après l'homologation, on reconnaît que le débiteur avait augmenté son passif ou diminué son actif, les créanciers peuvent faire annuler le concordat pour cause de dol. Cette annulation affranchit les cautions du failli.

En cas d'inexécution par le failli des conditions auxquelles il s'était soumis, s'il a cessé ses payements, ses créanciers pourront poursuivre la résolution du traité. Cependant, si elle n'est demandée que par un seul créancier, le concordat produira ses effets à l'égard des autres.

Il est hors de doute que les cautions ne peuvent pas invoquer la résolution, puisqu'elles doivent précisément garantir l'exécution du concordat. Du reste, elles sont appelées à la demande en résolution et le concordat est maintenu, si elles offrent de désintéresser les créanciers.

Si le concordat est anéanti, si une seconde faillite vient à s'ouvrir, on doit conserver autant que possible les résultats de la première procédure. Les créanciers antérieurs à ce traité qui n'auraient pas été satisfaits figurent dans la seconde masse pour la portion de leur première créance correspondant à la partie du dividende promis qu'ils n'auront pas touchée.

DE L'EXCUSABILITÉ.

Nous avons vu qu'en matière civile, le débiteur malheureux et de bonne foi peut s'affranchir de la contrainte par corps, en cédant judiciairement ses biens à ses créanciers.

La loi de 1838 établit un nouveau bénéfice, le bénéfice de l'excusabilité, qui a également pour effet d'affranchir le débiteur de la contrainte par corps à l'égard des créanciers de sa faillite. Dès lors, la cession de biens, devenue inutile, doit être supprimée en matière commerciale.

C'est sur l'avis des créanciers réunis devant le juge-commissaire, après la liquidation de la faillite, que le tribunal admet ou rejette l'excusabilité.

Ne peuvent être déclarés excusables, les banqueroutiers frauduleux, les stellionataires, les personnes condamnées pour vol, escroquerie ou abus de confiance et les comptables de deniers publics.

QUESTIONS.

I. La cession de biens est-elle un mode de payement? — Non.

II. La cession de biens faite par un débiteur profite-t-elle à ses codébiteurs solidaires? — Non.

III. Le dépositaire jouit-il du bénéfice de cession? — Oui, s'il est de bonne foi.

IV. Le créancier qui a rendu au débiteur le titre constatant la dette peut-il toujours prouver qu'il l'a fait par libéralité? — Oui.

V. Lorsqu'un créancier a fait remise à l'un de plusieurs débiteurs solidaires de sa part dans la dette, sous réserve de ses droits contre les autres, que doit-il retrancher de sa demande? — La part virile du débiteur libéré.

VI. Le ministère public peut-il voir l'aveu d'un délit dans une transaction touchant la réparation civile? — Non.

VII. Le mineur commerçant peut-il transiger sur des droits immobiliers? — Non.

VIII. L'avoué peut-il suppléer la signature du désistant par la déclaration qu'il ne sait pas signer? — Non.

Vu par le Président de la thèse,
DE VALROGER.

Vu par le Doyen,
C.-A. PELLAT.

www.ingramcontent.com/pod-product-compliance
Lightning Source LLC
LaVergne TN
LVHW050349030726

842520LV00005B/2020